DU MÊME AUTEUR

Au Mercure de France

HISTOIRES NATURELLES, Mercure de France, 2022.

UNE ODEUR DE SAINTETÉ, *roman*, Mercure de France, 2023.

Chez d'autres éditeurs

Romans, récits

EST-CE BIEN LA NUIT ?, *roman*, Stock, 2002.

PRÈS D'ELLES, *roman*, Flammarion, 2003.

ET LES ARBRES N'EN SERONT PAS MOINS VERTS, *roman*, Assouline, 2005.

LA MÉLANCOLIE DE NINO, Scali, 2006.

LE PÈRE DE MON PÈRE, *roman*, Philippe Rey, 2008.

VILLE CLOSE, Écriture, 2013.

VISIBLE LA NUIT, *roman*, Fayard, 2014.

LES UNS CONTRE LES AUTRES, *roman*, Fayard, 2015.

L'EAU QUI PASSE, *roman*, Gallimard, 2018. Prix Jean Freustié.

AVEC BACON, Gallimard, 2019 (Folio n° 6954).

LE BRUIT DE LA MER, Flammarion, 2020.

Beaux livres / essais

LA PEINTURE MODERNE, Nathan, 1985.

ORSAY PEINTURE (avec Jean Selz), Nathan, 1986.

LEXIQUE TOXIQUE, dessins de Roland Topor, Michel Lafon, 1996.

VOYEUR DE PREMIÈRE, Mentha, 1991 ; La Table Ronde, 1998.

LE PARIS DE LAUTREC, Assouline, 2005.

Suite des œuvres de Franck Maubert en fin de volume

AVEC PIERRE DE RONSARD

Franck Maubert

AVEC PIERRE DE RONSARD

MERCVRE DE FRANCE

à Béatrice

PAYSAGE

Le printemps arrive, pas encore les roses. Vient Ronsard, un peu par hasard, peut-être même par effraction. Ronsard comme un appel, une évidence même. Alors que s'éteint à petit feu le français, sans que l'on s'en rende vraiment compte ou que l'on se soumette à son appauvrissement, Ronsard m'avait fait un clin d'œil dans les pages des annonces immobilières d'un quotidien. Cette fenêtre, cette ouverture, c'était il y a presque trois décennies déjà.

Voilà l'annonce :

LOIR-ET-CHER. Pays de Ronsard. Cadre exceptionnel, bord du Loir, anciens communs de château restaurés, 220 m² habitables, viager libre. Étude Herbinière à Tours.

Je ne sais pourquoi, je n'ai pas résisté, j'ai été sensible à chacun des mots : Ronsard, bord du Loir, exceptionnel (j'aurai plutôt écrit *d'exception*), et libre. Sans doute y pressentais-je une liberté et la liberté navigue avec le temps. J'avais l'espoir, un jour, de trouver un endroit de beauté, lieu idéal où demeurer et travailler à l'abri des bruits inopportuns du monde. J'ai appelé le notaire qui, au téléphone, m'a dit que je ne regretterais pas mon déplacement. J'aurai pu reculer puisque la maison était en vente depuis un an, nul n'en voulait. Cette petite annonce était sa dernière chance. Toutes affaires cessantes, je m'y suis rendu. Quelque chose me poussait, quelque chose de plus fort que ma volonté, que la raison même, m'attirait en ces lieux. Je l'ignorais, mais c'était Ronsard, ou plutôt cette nature, la sienne, celle qu'il a célébrée, ce paysage si français qu'il aimait tant. En route, je me récitais à voix haute des bribes de ses vers qui m'aidaient, parfois, à retrouver de la légèreté, voire une joie possible. Pourquoi jaillissait soudain d'un coin de ma mémoire :

Je veux brûler pour m'envoler aux cieux,
Tout l'imparfait de mon écorce humaine

Ces mots « imparfait », « écorce humaine » me touchaient. Je me sentais caillou incandescent d'où s'échappe encore une matière en fusion. Lourd d'un échec amoureux, un divorce, je me tenais prêt à de nouvelles contemplations. Qui d'autre que l'auteur des *Amours* pour me consoler ? Cette impression d'avoir toujours suivi le poète depuis le collège, premiers vers appris par cœur, récités dans ma blouse grise, avec maladresse, mains et gorge nouées.

Sur une départementale, longeant le Loir, j'imaginais ses méandres et ses boucles, ses écheveaux de blondeur se conjuguer avec les courbes d'un corps aimé ; et peut-être aussi s'y mêler une peinture de Max Ernst. Quand les mots et les images surgissent ainsi, on ne se rappelle plus très bien d'où ils viennent, ni pourquoi ils s'imposent. On les accueille. Comment expliquer que quelque chose d'obsédant vit en vous, un état, une sorte d'être sans savoir ce que c'est ? Je ne me contente pas de regarder, je n'admire pas, je suis dans le paysage, je glisse en lui, je vis avec lui.

Je sais déjà, *couché tout plat dessus la rive oisif à la fraîcheur du vent*, que j'y verrai son nom écrit sur l'échine de l'eau et retrouverai la présence de ses vers, ceux qui parlaient au jeune chemineur que j'étais enfant sous les étoiles du Grand Chien, celles qui se lèvent et se couchent avec le soleil des jours de grande chaleur. J'apprendrai qu'au détour d'un sentier, des possibles s'ouvrent, que les malentendus s'évanouissent, que les rêves grandissent au jour tombant. Moi l'égaré, je ne chercherai plus où aller, ce sera ma terre, mon horizon.

Plus j'approchais de mon but, plus le nom de Ronsard fleurissait sur les panneaux, les enseignes, les devantures. Et rien ne lui était épargné : pizzeria Ronsard, restaurant La plume de Ronsard, Ronsard Coiffure, barrage Ronsard, clinique vétérinaire Ronsard, cinéma Ronsard, lycée Ronsard (tout de même). Est-ce tout ce qui persiste d'un grand poète cinq cents ans après sa naissance ? Je m'arrête dans une boulangerie-pâtisserie qui porte son nom, où trône dans la vitrine le « Ronsard », gâteau délicat à la crème vanillée et au chocolat noir… Vraiment tout ce qu'il reste du grand poète ?

Ce que Poussin disait pour la Peinture dans une lettre le 7 mars 1665 : « Sa fin est la délectation » (entendons le plaisir), Ronsard aurait pu l'affirmer un siècle avant pour la Poésie.

Demeure, dans (presque) toutes les têtes, bien évidemment, l'*Ode à Cassandre*, peut-être avais-je même prononcé ces vers un jour à celle qui venait de me laisser : *Mignonne, allons voir si la rose, qui ce matin avait déclose, sa robe de pourpre au soleil, n'a point perdu cette vesprée, les plis de sa robe pourprée, et son teint au vôtre pareil...*

Ode à la jeunesse miraculeusement toujours murmurée du bout des lèvres par des collégiens qui ignorent encore l'ébauche de la mort.

Et aussi, sur un terrain autre, une notoriété entretenue par un rosier *Pierre de Ronsard* aux fleurs rondes et pleines aux tonalités délicates, crème rosé marginé de rose carminé, au feuillage d'un vert vif satiné, aux branches robustes, résistant aux maladies. Ses fleurs s'achèvent dans un aimable désordre, précise sa fiche botanique. Ce pourrait presque être un autoportrait. Ronsard le résistant, donc. Celui qui avait forgé de ces deux lignes épicuriennes qui pourraient être guides de ma vie :

Vivez, si m'en croyez, n'attendez à demain,
Cueillez dès aujourd'hui les roses de la vie.

Cette rose qui éclipse toutes les merveilles, symbole de l'amour courtois et des cœurs purs, dès le Moyen Âge dans *Le Roman de la Rose* de Guillaume de Lorris et Jean de Meung. Me revient *Mais épines y avait tant!... Et le bouton cueilli ne pus*, auquel répond Christine de Pizan qui compare le mariage à une nasse à poissons de laquelle, piégé, on ne peut sortir.

Plus j'approchais de mon but, plus les façades s'éclaircissaient, éclats de blancheur sous l'or du soleil qui rayonne vainement. Au bout d'une route perdue, une ancienne piste fraîchement goudronnée, à peine un hameau, quelques maisons simples en tuffeau couvertes des effets bleutés de l'ardoise. Descendu de ma voiture, mes yeux parcourent l'entour sans s'arrêter sur celle, isolée, pour laquelle je me suis déplacé. Alors je hurle « j'achète », je sais que j'ai trouvé ma tanière et que je cesserai de me désirer ailleurs. Complètement capté, je serai là pour toujours, ce sera mon repaire, le coin où j'écrirai. Je visiterai plus tard. Subjugué par la beauté des lieux, je sens une fièvre buissonnante monter en moi, je suis littéralement étourdi par la scène qu'offre la nature dans ce site précis. Ronsard s'y cabre en silence. La rivière, dans sa grande largeur, s'abandonne en lenteur, calme en apparence, prenant presque l'aspect d'un lac et, par endroits, se livre à ses caprices, bute sur des roches ou éparpille ses tresses en îlots pour reprendre une nouvelle allure, hersée de rides et de risées. Je sais déjà que je flotterai sur ses nénuphars, dans le ruissellement des algues s'inscriront mes rêves. Les saules ourlent les berges parées de leur fourrure floconneuse et se penchent jusqu'à la surface de l'eau pour s'y mirer ou supplier. Une lumière tombe de biais sur ce tableau. Oui, il s'agit bien d'une peinture impressionniste qui s'évanouit dans les reflets liquides. Paysage imparfaitement défini dans la lumière trop vive, qui, si on cligne des yeux, si on se pose pour le dévisager, se précise. Un calme vous envahit, et vous ressentez profondément la sérénité qui s'en dégage. Ici, rien de grandiose, de la finesse, de la discrétion : un paysage humble que cette étroite vallée, domaine des saules, des trembles, des peupliers, des aulnes, modestement ensevelie entre les deux bandes crayeuses des coteaux. Le sillon de la voie d'eau signe le seuil d'une timide dépression, au-dessus la couronne d'un bois de feuillus, la Gâtine, j'y reviendrai. Et après le haut des croupes, sur les pentes, des rangs de vigne. J'apprendrai à goûter leurs doux breuvages, vins de noce et de taffetas. Plus loin l'étendue des plateaux et ses plaines plates et tristes, d'autres feuillus, aussi la pauvreté d'un repeuplement en pins. Plus loin encore, au nord-ouest, la grande forêt et ses chênes élevés autrefois pour les mâts de la marine. Et une plaine sans fin qu'arrête le ciel.

Ce qui va être défile déjà sous mes yeux, les hivers solennels aux arbres dépouillés, les champs de labour graisseux, l'étincelle des printemps, le scintillement des pluies d'été, mais encore le nimbe des brouillards d'automne balayant certains matins la surface de l'eau. Alors je sentirai monter en moi un chagrin, celui des journées plombées, celui des journées perdues. Je sais qu'un rien réparera ces moments-là. Le chant des chardonnerets à tête rouge, la voltige agitée d'un couple de bergeronnettes, le passage électrique d'un martin-pêcheur qui coupe l'air, le battement lourd des ailes d'un cygne, le héron l'œil aux aguets perché sur une souche émergente. À la dérobée, haut dans le ciel, le passage d'un vol de points sombres minuscules me redonnera un élan. Et, subreptice, c'est bien moi qui les accompagnerai, je serai l'un d'eux. Je soupçonne les lieux habités. Je ne serai pas déçu. Ici tous les sens débordent, ils s'activent au service d'un plaisir particulier où contemplation et pensée se rejoignent. Est-ce cette parfaite rencontre du ciel et de la terre qui se dissolvent, se décantent, s'épurent en une même fluidité, un même souffle, en un seul tout ? Saisir l'à peine perceptible. Visible et invisible finissent par se fondre en un sfumato et se confondre jusqu'à vous plonger dans un état d'apesanteur. Tout s'unifie, s'architecture en un élément, éclats des nuages et de l'eau. Ici, rien de violent, rien à voir avec la tourmente des vues primitives, plus rudes, des pulsations des marées atlantiques. Non, des touches de douceur, du tamisé, de la sagesse. Ici le paysage devient pays et s'impose, et repose. Il s'ouvre à vous, vous saisit et vous absorbe, vous pénètre, il infuse en vous. Il vous prend, vous bouleverse et vous l'apprivoisez. Vous n'êtes plus un simple spectateur, vous dialoguez avec lui et, d'une certaine manière, vous lui appartenez. Il vous entoure, vous abrite, vous épouse, et vous l'épousez. Vous sentez que vous approchez de la limite du sensible. Il a ce pouvoir. Vous entrez en connivence avec lui, vous vous découvrez en lui.

Il me semble que c'est ce qu'a ressenti Ronsard, lui qui est né ici et qui désirait reposer éternellement au cœur de cette nature, vue que j'ai la chance d'avoir sous les yeux au quotidien. J'ai la faiblesse de penser que rien n'a changé depuis son époque. Allons, allons…

Au pays de Ronsard où désormais je vis, une lumière solitaire éclabousse la perspective même les jours où le bleu est indécis. Une journée entière peut s'écouler à se perdre dans les métamorphoses de la lumière, dans les rumeurs des vents. Sur son chemin, sous le bruissement de chaque pas, l'eau fuit et murmure parmi les herbes, promesse d'éblouissants lendemains. Ici dort le sauvage des haies et des sous-bois dans l'effervescence des déesses et des fées qui y couvent, insectes, oiseaux et autres êtres invisibles. Voilà ce qui m'attirait, l'invisibilité, l'indicible peut-être…

Je ne sais s'il faut embrasser toute l'œuvre

de Ronsard, ni trop comment l'aborder. Une anthologie de ses poésies suffit à saisir son esprit. Ce qui me touche dans ses vers, c'est cet accord avec la nature, sans doute la même lumière qui traverse ceux du plus grand poète de Rome, Virgile.

Je baigne dans le vert de Ronsard et ses vers se mélangent à ma vie.

J'avais trouvé un paysage à qui parler. Il est devenu mien, j'y suis attaché. Ici le ciel me paraît si tendre. Depuis, ce cadre est mon spectacle quotidien. De la fenêtre en surplomb de la rivière, d'où j'écris ces lignes, j'aperçois un cygne au cœur de neige qui plonge son cou interminable dans l'eau troublée par une crue, symbole de l'éternité du poète. Peut-être est-ce celui de Yeats glissant au fil de l'onde. Il donne l'impression de marcher sur l'eau. Mais je ne crois guère aux fantômes. Moi aussi je flotte, je glisse sans m'en rendre vraiment compte, ma vie est là.

Il peut arriver que des incongruités, inattendues, viennent troubler cette sérénité. Un jour, dans l'air chaud d'août, vers l'heure de midi que venait de marquer le lointain clocher, je me trouvais à pêcher sur ma barque au pied de la stèle du poète, d'un seul coup les oiseaux se sont tus. Au même moment le ciel s'est teinté d'une étrange clarté pourpre puis une ombre a instantanément enveloppé le paysage d'une lumière de crépuscule. Je ne comprenais pas, je perdais le nord. Le soleil s'est éteint. Me suis adressé à lui, tête levée vers l'astre, puis tourné vers Ronsard, sa stèle où courent ces lettres à demi effacées :

Qu'un sépulcre on me donne
Non près des rois levé
Ni d'or gravé

Était-ce lui l'auteur de cette mascarade ? Plus un bruit, le silence d'une nuit d'absence. Alors, une détresse aiguë m'a envahi. J'étais comme groggy. J'ai rassemblé mes forces, plié mes cannes et, dans la nuit soudaine, poussé sur les rames jusqu'à mon arbre d'amarrage. Ce n'est qu'en allumant la radio que j'appris qu'une éclipse s'était abattue sur la France. Le pauvre Ronsard n'y était pour rien. Me revenaient ces mots du temps où, enfant de chœur, je lisais l'Évangile de saint Jean : *L'obscurité se fit sur tout le pays jusqu'à la neuvième heure.*

Un autre jour que je pêchais, ma barque ancrée à la pointe de l'îlot, je vis surgir un autocar d'un violet criard d'où sont sortis une trentaine de femmes et d'hommes, avec shorts et casquettes, munis pour certains d'un appareil photo ou d'un téléphone portable serré entre leurs doigts. Un homme plus jeune que les autres tenait devant son visage un mégaphone et il résuma en quelques phrases la vie du « prince des poètes, le poète des princes... ». Le petit groupe était peu attentif et préférait s'éparpiller dans la nature. Quelques-uns enlaçaient, tour à tour, le tronc d'un frêne de leurs bras, mimant un état de transe, d'autres cueillaient des boutons-d'or et des pâquerettes. De vieux enfants. Ils n'écoutaient guère le guide, mis à part une femme couverte d'un vaste chapeau qui l'interrompait pour lui demander si c'était bien Ronsard qui « dormait là »... Face à l'épineuse question, l'homme bégaya un « oui, je crois bien » qui ne sembla pas satisfaire la curieuse. Elle insistait : « Il est bien vivant dessous. » J'avais envie de hurler : « Surtout ne le réveillez pas ! » mais je me suis abstenu d'intervenir. Et je fus soulagé lorsque le petit groupe se précipita vers le car pour s'y engouffrer après que l'homme au mégaphone eut récité sur un ton monocorde « Mignonne allons voir… ». Forcément. Il leur annonça qu'ils allaient déjeuner au village, à l'Auberge du poète, ce qui provoqua des cris enthousiastes. Ce jour-là, j'ai craint que l'Isle Verte ne devienne une étape touristique. L'autocar violet et ses voyageurs à casquettes, shorts, appareils photos et portables ne sont plus jamais revenus.

À peine avais-je pris possession des lieux, disons plutôt déposé mes bagages dans la maison vide, où je suis arrivé chargé d'une caisse de pomerol, j'arpentais l'Isle Verte, située de l'autre côté de la rive. Le Loir somnolant au sud, la pétulante Braye qui s'y jette au nord et l'étroit Brayon à l'est délimitent cette aire triangulaire qui n'a pas dû changer depuis plusieurs siècles. Pour l'atteindre, il faut passer un pont de bois qui ressemble à s'y méprendre à celui du jardin de Monet, surtout quand les nénuphars fleuris recouvrent la surface de l'eau. Par chance, c'est un domaine resté à l'état de nature où l'homme n'a rien abîmé. Ce qui est rare. Ainsi j'ai la naïveté de croire que c'est le paysage de Ronsard tel qu'il l'a connu. C'est sans doute faux puisque des paysans ont, depuis, clôturé les prés pour y parquer des bœufs aux beaux jours. Tout de même, l'homme n'a pu y construire quoi que ce soit. Au bout de la sente, un moulin qui a perdu sa roue à aubes ferme la marche. La centaine d'hectares composée de prairies bordées de haies basses, de peupleraies et de bosquets où serpentent des chemins est inondable. Aux premières grandes pluies, l'eau remonte par capillarité. Ce qui, d'une certaine manière, garantit la tranquillité même du site et le protège de toute dégradation, de toute construction et même des campings. Quand je m'y promène tôt le matin, il n'est pas rare de voir des chevreuils détaler à mes pieds, lièvres, faisans, et des oiseaux migrateurs décoller. À l'horizon, entouré d'arbres, apparaît le château de La Flotte qui fut la demeure de la famille du Bellay. Le bâtiment flanqué sur le coteau avec sa tour crénelée et ses lourdes poivrières a été transformé au XIXe siècle. J'aime son épaisse silhouette qui ferme la perspective sur les hauteurs. Il m'arrive d'imaginer Ronsard communiquer avec l'artisan de *Heureux qui, comme Ulysse, a fait un beau voyage* par sémaphore depuis sa Possonnière située en face à un kilomètre à vol d'oiseau. L'auteur des « Regrets » exilé très jeune à Rome auprès de son oncle cardinal a-t-il seulement séjourné au château de La Flotte ?

Plus me plaît le séjour qu'ont bâti mes aïeux,
Que des palais romains le front audacieux,
Plus que le marbre dur me plaît l'ardoise fine :
Plus mon Loir gaulois, que le Tibre latin,
Plus mon petit Liré, que le mont Palatin,

Et c'est en bordure de ce Loir, près de ce petit Liré, qu'a été construite ma maison, en 1868. Une sorte de maison des champs, surmontée d'un étage, à l'architecture si rigoureuse qu'elle aurait pu être un bâtiment militaire élevé avec les matériaux d'une ancienne ferme voisine aux colossales poutres en chêne. Au début du siècle dernier, elle était une dépendance agricole du château voisin. Elle a dû autrefois abriter des chevaux au rez-de-chaussée et la chambre du palefrenier ainsi qu'un vaste espace pour stocker les ballots de paille au premier, étage qui désormais abrite mes livres. Là, j'allais vivre à l'écart. Trouver des moments de calme et d'équilibre, tenter de me dépasser, oublier qu'on est mortel. Au cœur de ce pays, ce pays où l'on peut rêver, où les peupliers si hauts parlent au ciel, j'ai recouvré la respiration d'une simple enfance. Sur ses chemins où se dressent les squelettes des chardons bleus, fantômes de l'hiver, je trouverai la clef et j'écrirai. Quand on écrit un feu vous brûle et vous apaise.

Peu de temps après mon installation, un matin, au petit jour, je fus réveillé par une voix, plutôt suave, presque sourde, qui m'appelait depuis la petite île de Ronsard. Cet appel n'avait pas vraiment le timbre d'une voix humaine, plutôt celui d'une fleur sauvage qui me guette à la fin du jour, une fleur qui ne ressemble à aucune autre, se dresse dans la lueur rosée de l'aube, à un point tel qu'il me forçait à me lever et à traverser le salon-bibliothèque pour me pencher à la fenêtre qui donne sur la rivière. J'écarquillai mes yeux de dormeur embrumés de sommeil et fixai la berge d'où venait l'appel. Encore en état de syncope, je balayais du regard les herbes, les roseaux, les souches échouées à la recherche de la fleur. Je compris très vite que je venais d'être le sujet d'un de ces rêves rares qui vous assaillent et qui insistent, quelque chose d'inexplicable, ourdi dans le tombeau de la nuit, qui se prolonge et poursuit sa course dans le réel. J'étais d'autant plus surpris qu'habituellement le rêve s'évapore comme la rosée, tout se perd dans la confusion et je ne me souviens que de bribes de mots ou d'images, disparues aussi vite qu'elles ont surgi. Cette illusion était si forte que cette fleur courbée au-dessus de l'eau ne s'adressait qu'à moi, elle me réclamait comme si je pouvais l'aider. Cette vision, cette démission de la conscience, m'a poursuivi pendant une quinzaine de jours. Je ne pouvais me défaire de cette hallucination qui était devenue pour moi une réalité. Mirage ? Je n'osais confier à personne l'énigme de la fleur qui avait pris corps, pas même à mes meilleurs amis, craignant qu'ils me prennent pour un demeuré. Malgré mes réserves, j'y trouvais un sens. Alors je me suis mis à écrire une sorte de conte dont elle était la narratrice, une fleur dont la finesse d'esprit et la curiosité peuvent surprendre l'entendement. Je ne pouvais me retenir, les images et les mots sont venus tout seuls, en un flot. Son récit m'a possédé durant quelques semaines. J'ai bien eu la faiblesse d'envoyer l'histoire de cette fleur qui pense et qui parle à plusieurs éditeurs mais elle n'a intéressé personne. Les réponses étaient toutes à peu près identiques : « Bien écrit mais, plutôt que ce conte végétal, n'avez-vous pas la même chose avec des êtres humains ? » Sur le moment, je n'ai pas saisi que la manifestation de cette fleur était sans aucun doute une facétie de Ronsard. Il m'arrive encore, par jeu, c'est probable, de la chercher lorsque je me penche à la fenêtre. Je n'avais pas considéré le poids, le magnétisme d'un paysage. Tout ce monde qui peut transcender un individu. À rebours de cette mise à distance, je n'avais pas envisagé la singularité de cette nature qui allait m'emporter. À des paysans voisins, il m'arrive de crier sa beauté et je les entends alors me répondre : « Ah ! Peut-être... mais on passe devant tous les jours, on ne le voit plus. » Je conviens que le paysage ne parle pas à tous de la même façon et que la beauté peut paraître ordinaire aux yeux de certains.

Moi, je ne m'y suis toujours pas habitué. Pourquoi ai-je entretenu avec cette vue une intimité particulière qu'heureusement je partage avec des proches qui perçoivent, eux aussi, sa singularité et sa sérénité. Au fil du temps, j'ai développé le sentiment « d'être là » de m'approprier amoureusement ce que je jugeais unique. Je conçois que face à ce qui pourrait être un effet « carte postale » pour ces réfractaires il n'y ait rien à voir. Moi, j'en ferais mon cosmos.

Je baigne au cœur de ce trésor vibrant, au pays des mots de Ronsard. Et ses vers que j'apprivoise se mélangent à ma vie d'une manière furtive.

Sur les talus croissent ces *Conium maculatum* à port d'ombellifères ; la Grande Ciguë, celle de Socrate, bordait-elle déjà les fossés ? Et ces grands oiseaux blancs sommeillaient-ils déjà le long de la berge ? Ce matin, l'eau a baissé, ma barque échoué sur la vase. Et les feuillages bruissants des tilleuls de juin aux parfums sucrés ? Étaient-ils déjà plantés là au bord du chemin ? Et le brouillon des racines rouges des aulnes qui s'enfoncent dans l'eau ? Des surgeons de leurs ancêtres ? J'avais trouvé un paysage à qui parler. Rives sans heures, eaux du rêveur. Ici le ciel me paraît si tendre, ses nuages si évanescents même quand ils se grisent.

Ronsard n'appartenait pas aux poètes que j'avais découverts dans un éblouissement, Rimbaud, Baudelaire, Nerval, Lautréamont, ceux-là en tête, ceux qui vous enchantent la vie entière, et d'autres qui s'ensuivirent. Sans doute parce qu'il fut une lecture obligée, mais après tout Rimbaud aussi. La distance qu'imposent l'ancien français et l'ordre du temps peut-être, époque lointaine d'une France de la Renaissance. Et pourtant, chez Ronsard, une énergie et un charme s'en libèrent et vous emplissent. C'est ainsi que celui que j'ai envie d'appeler « petit Pierre » est entré dans ma tête et ne cesse depuis d'y naviguer, d'y planer. Comme s'il avait toujours été présent. Il revient partout sur les chemins, provoque une sorte d'euphorie. Et c'est une joie intense.

LOYS ET JEANNE

La porte s'entrouvre poussée par un vent froid. Dans l'église règne un silence où l'on se perd. Celle de mon village est d'une architecture sans fioritures, on pourrait presque la confondre avec la beauté dépouillée d'une de ces granges aux parements travaillés en simplicité où s'exprime une grande noblesse. À gauche de l'entrée, l'éclat d'une lueur tombe, oblique, sur deux corps endormis. Têtes sur un oreiller, ils regardent la nuit. Depuis des siècles, ils reposent côte à côte. La pierre glacée respire. Par endroits des gouttelettes apparaissent, pareilles à des perles de sueur. Une lumière ondule sur le fer et les étoffes. Dans la région du cœur, la cotte de maille du chevalier semble se soulever, comme le plissé libre de la robe de la femme. Tous deux tiennent leurs mains gantées jointes sur la poitrine. État d'une prière profonde, éternelle. Du visage de l'homme au nez brisé on devine des traits mais ses expressions se sont effacées, les siècles les ont mangées. Celui de la femme allongée près de lui, coiffée d'un bonnet, dégage encore une certaine douceur malgré les épreuves du temps. Paupières abaissées, leurs yeux ne cillent plus. Le vivant du regard a disparu. La pierre noircie est parsemée de minuscules taches foncées comme autant d'infimes grains de beauté. Le contraste entre l'implacable raideur des corps et l'émotion qu'ils dégagent me trouble. Les statues meurent aussi et l'art les délivre de la condition humaine. Loys de Ronsard et son épouse Jeanne Chaudrier sont séparés de la réalité, ensemble ils ont accédé à un autre monde étranger à la mort. Lui a perdu ses jambes à la Révolution, sectionnées sous les genouillères. Les gisants de Loys et Jeanne, raidis dans la glace de la mort, témoignent d'une grâce absolue. Leurs costumes travaillés avec finesse paraissent tels leurs attributs de tous les jours. Le drapé de la robe de Jeanne, d'une élégance antique, n'a rien de précieux ni de maniéré, il tombe juste. À leurs pieds, le baptistère en marbre et son capot en laiton surmonté d'une petite croix. Là, leur fils Pierre est devenu chrétien.

Il y a cette charmante histoire qui se raconte de livre en livre au sujet du baptême du jeune Pierre. Le bébé est porté par une nourrice, sur le chemin du kilomètre qui sépare la demeure familiale, le manoir de la Possonnière, de l'église de Couture, il glisse de ses langes par mégarde et tombe dans un pré couvert de fleurs. Une jeune femme qui passe par là l'asperge de leurs senteurs avec un vase d'eau de rose « qui fut un présage des bonnes odeurs dont il devait remplir toute la France, des fleurs de ses écrits », note en 1586 son premier biographe Claude Binet qui ajoute : « Il s'en fallut de peu que le jour de sa naissance fût le jour de son enterrement. » Légende trop belle pour ne pas y croire.

Qui sont les parents de Pierre de Ronsard ? Loys, son père, meurt en 1544, Pierre a vingt ans à peine. Le grand-père, Olivier, est un modeste écuyer au service du roi et son épouse se nomme Jeanne d'Illiers des Radrets. Du côté de sa mère, née Chaudrier, une lignée de petits seigneurs ruraux. Olivier est déjà le propriétaire du domaine de la Possonnière, où naîtra Pierre. Les Ronsard sont des « sergents fieffés », autrement dit des gardes-chasse et des «gens des bois, vivant des bois» chargés d'entretenir la forêt de Gâtine. Très tôt le petit Pierre est sensible à la pleine beauté des grands chênes, au dessin de leurs lignes, à l'énergie et à la force de leur tronc. Sous leurs frondaisons et leurs ramures, entre ombres et lumière, il éprouve des vertiges qui l'emplissent jusqu'à l'extase. Il ne comprend pas pourquoi on les prive de la vie, celle des animaux, cerfs, oiseaux ou insectes, qui en dépendent (*Forest, haute maison des oiseaux bocagers*). Sous leur auréole, il s'invente un monde, convoque ses Muses. Il dira combien le peinent ces chênes qu'on abat, mis à terre à coups de merlin, de cognée et de hache.

Escoute bucheron, arreste un peu le bras!
Ce ne sont pas des bois que tu jettes à bas:
Ne vois-tu pas le sang, lequel degoute à force
Des Nymphes qui vivoyent dessous la dure escorce?

Et déjà Ronsard saisit l'importance et le rôle des arbres qu'aujourd'hui on n'hésite pas à massacrer à coups de tronçonneuse. C'est tellement facile la tronçonneuse…

Peuples vraiment grossiers,
De massacrer ainsi nos peres nourriciers,
Que l'homme est malheureux qui au monde se fie !

Sa Gâtine, cette terre boisée, en *désœuvre* comme on disait au Moyen Âge, émaillée de landes et de ronciers, s'étendait presque jusqu'aux portes du nord-est de Tours, dont les ancêtres du poète ont la charge. Le nom Ronsard vient bien de la ronce. Quant à celui de leur demeure, La Possonnière, il dérive de « posson », « poinçon », et non de « poisson ». Si sur le blason des Ronsard figurent trois poissons sur fond bleu azur, ce sont des « rosses », une variété de gardons. Donc « rosse / ronce » seraient à l'origine du patronyme Ronsard. Ces anecdotes étymologiques, ces jeux de mots sont des plus distrayants et amusent d'autant le pêcheur que je suis. La communauté de commune vient de jeter aux oubliettes les armes de Ronsard pour adopter un sigle VR quelconque signifiant Vallée de Ronsard… Revenons au père du poète, Loys, né vers 1479. Gentilhomme guerrier, respecté pour la manière dont il portait la lance et le heaume, il suit dès l'âge de quinze ans d'abord Louis XI puis Charles VIII dans les expéditions d'Italie et sera distingué parmi les « cent gentilshommes de l'Hôtel ». Fin lettré, il est considéré aussi pour ses connaissances en latin et en français. Ce trait a son importance : après onze campagnes en Italie, au temps de Bayard et de Gaston de Foix, il saura, sous François Ier, faire venir en France des architectes et des artistes transalpins dont le fameux Léonard, en 1516. Le génie a soixante-trois ans et dans ses sacoches trois chefs-d'œuvre, *La Joconde*, *Saint Jean-Baptiste* et *Sainte Anne*. Merci.

Quant à Jeanne, mère du poète, elle descend de Jean Chaudrier, qui avait repris La Rochelle aux Anglais, une rue de la ville porte son nom. Ce serait de cette lignée que le poète tiendrait son tempérament passionné.

Devenu maître d'hôtel du dauphin François Ier, Loys participe à la bataille de Pavie (1525), lors de laquelle le souverain tombera aux mains de Charles Quint. Il suit ses deux fils à Madrid, en tant qu'otages, qui délivreront plus tard le roi, prisonnier de l'Espagne. Pendant ses quatre années de captivité, « dans l'ennui et le déplaisir », il se réfugie dans la poésie et s'y console. Il se pique de rhétorique et invente avec son ami Jehan Bouchet l'alternance des rimes féminines et masculines (dans les pièces à rimes plates). Mais la subtilité de sa fibre artistique s'épanouira surtout dans la construction de son manoir à Couture-sur-Loir.

UN LIVRE À CIEL OUVERT

D'une dignité aimable, La Possonnière, cette demeure d'un gentilhomme de la Renaissance, s'élève au bas du coteau, bâtie en pierre claire, le tuf, avec ses fenêtres à meneaux en croisées encadrées de pilastres ioniques, et sa tourelle hexagonale au toit pointu. Ce type de logis seigneurial se répandra en Touraine et en Anjou. À une différence tout de même : La Possonnière est un livre ouvert, ses murs parlent. Linteaux des portes et fenêtres éclairent à la lueur des philosophies chrétiennes et païennes, à travers la personnalité du père Loys, celle du fils Pierre. Le front de la lucarne de la tourelle prévient, gravé dans le tuffeau sous l'écu aux trois poissons : *Domini oculus longe spectat* (L'œil de Dieu voit loin), devise accompagnée du soleil héraldique à face humaine, invitation à la mesure et à la morale. Au centre de la façade principale un linteau avertit : *Avant partir*, que l'on peut lire comme « avant de partir en expédition en Italie ou avant de quitter cette terre, veille à ton salut ». Les deux interprétations s'expliquent. D'autres inscriptions implorent : *Domine, conserva me* (Dieu conserve-moi), *Respice finem* (Pense à ta fin). Mais sur la façade nord, les mots ne répondent plus à la chrétienté mais plutôt au paganisme régnant à la Renaissance : *Veritas Filia Temporis* (Vérité, Fille du Temps), *Voluptati et Gratiis* (Au Plaisir et à la Beauté). Ce qui ne devait pas déplaire au poète. Inscription qu'aussi j'aurais volontiers gravée. La lecture à ciel ouvert se prolonge sur les pierres des communs creusés dans la falaise qui supportait une aile de l'époque féodale à présent détruite : devises empruntées aux représentants de la pensée antique : *Sustine et abstine* (Supporte et abstiens-toi) à l'entrée de la cave l'on retrouve *Veritas Filia Temporis* et au-dessus de la porte du pavillon disparu, *Ne quid nimis* (rien de trop). Sont nommées aussi *la buanderie belle* où l'on lave le linge ; *Vulcano et diligentiae*, forge pour les chevaux ; le cellier : *Vina barbara* pour les vins grossiers, et un linteau prévient,

------ DUPLICATA N°1-----

MILLE & UNE PAGES
Mille & une Pages
112 RUE VICTOR HUGO
40700 HAGETMAU
TEL 05 58 79 53 04
TVA FR81920779410
SIRET 92077941000017

Caissier Caisse 1
N°633-22 06/02/2025 10:02:08
Client 30
DEVILLEBICHOT MARIE-LOUISE

Produit	Qte	Unit	Total
LE JDNEWS N°21	1	2,20€	2,20€
CAUSEUR N°131	1	6,50€	6,50€
Les habits neufs du terrorisme intellectuel	1	23,00€	23,00€
Le Génie gourmand Les inventions culinaires et g	1	34,95€	34,95€
Encyclopédie culinaire des territoires de France	1	80,00€	80,00€

TOTAL 146,65€

Mise en compte 146,65€

TVA	Montant HT	TVA	Montant TTC
0,00%	8,70	0,00	8,70
5,50%	130,76	7,19	137,95
TOTAL	139,46	7,19	146,65

TVA acquittée directement par l'éditeur CGI 298-11

TVA	Montant HT	TVA	Montant TTC
2,10%	8,52	0,18	8,70

Ancien solde 76,50€

Nouveau solde 223,15€

Merci de votre visite

------ DUPLICATA N°1-----

au-dessous d'un pichet, *cui des videto* (avise à qui tu donnes) ; enfin le garde-manger, étiqueté à la romaine : *Custodia dapum.* On peut encore lire, au-dessus d'un four à pain : « Souviens-toi homme que tu es cendres », ce qui dénote un humour noir. N'est-ce pas, dans la lignée de l'humanisme érasmien, le souci de réconcilier sagesse païenne et religion chrétienne ? Toutes ces inscriptions expriment mieux une époque en pleine mutation, cette Renaissance, que n'importe quel ouvrage. La lecture peut se poursuivre à l'intérieur du manoir : au-dessus de la cheminée monumentale, cette confiante devise : *Non fallunt futura merentem* (L'avenir est à celui qui le mérite). Juste au-dessous s'alignent des blasons, ceux des comtes de Vendôme, de Valois, comme autant de trophées nobiliaires auxquels aspirent les Ronsard. Aussi, un vaste bas-relief sur le manteau de la cheminée, calembour de pierre, représentant des buissons d'églantines consumés par des flammes vives, rappelle les origines : ronces ardentes. Quoi de mieux que cette illustration, analyserait un Jacques Lacan, pour éclairer le patronyme d'un poète pour qui la nature est meilleure que l'art.

Le petit Pierre apprendra à lire ainsi. Il reçut aussi assez tôt le legs de la bibliothèque d'un oncle paternel, Jean de Ronsard, curé à Bessé-sur-Braye, paroisse voisine. Il y a de la naïveté à toujours s'en remettre aux vestiges de l'enfance quand on parle d'un artiste. Sans doute, mais c'est une sagesse nécessaire puisqu'on garde toujours quelque chose de cette plénitude perdue. Il me semble difficile de faire l'impasse sur le *vert paradis* (celui de Baudelaire) dans le cas de notre poète qui fut homme multiple.

PETIT PIERRE

Quand son père au titre évocateur, « Maître des enfants de France », regagne le foyer, le petit Pierre a déjà six ans. L'enfant gambade entouré de chiens, chevaux, faucons et furets pour la chasse qui, comme il se disait, aidaient « à fournir la broche ». Premières années à courir les bois, les chemins creux, à sauter les ruisseaux, à scruter le ciel, les rivières, à se perdre dans les forêts… Il apprend aussi à lire à la frondaison des arbres. Comme je le comprends, moi aussi, je respirais l'air de la campagne, sauvageon libre et solitaire, à attendre un père qui, lui, n'est jamais venu. Je m'y étais fait et pensais que la vie s'écoulerait ainsi. Ma parenthèse s'arrêtera là. À son retour, et jusqu'aux douze ans de Pierre, Loys laisse son fils rêver, adossé à un talus, voir des nymphes danser au clair de lune par monts et par vaux. Aux yeux de Loys la poésie ne suffit pas, il envoie son fils rejoindre le camp retranché d'Avignon dès ses douze ans. Il s'agit de résister à Charles Quint, dont les troupes avaient envahi la Provence.

Je vins en Avignon, où la puissante armée
Du roy François estoit fierement animée
Contre Charles d'Autriche, et là je fus donné
Page au duc d'Orléans...

Le jeune page est attaché au dauphin François (fils du suzerain), qu'il voit mourir trois jours après son arrivée. Il devra suivre le troisième fils de François Ier, Charles II d'Orléans, auprès de Jacques V Stuart, roi d'Écosse, qui avait vaillamment mis son épée au service de la France. Jacques vient aussi demander à François Ier la main de Marie de Bourbon, fille du duc de Vendôme, mais en chemin il croise la fille du roi, Madeleine de France, en palanquin, malade, qui l'éblouit et qu'il épouse à Notre-Dame. C'est Charles qui offre à sa sœur le plus beau de ses pages, Pierre de Ronsard. La jeune reine meurt à son tour de phtisie quelques mois plus tard (le 7 juillet 1537).

Je n'avais pas quinze ans que les monts et les bois
Et les eaux me plaisoient plus que la cour des Rois

Ronsard trouve une nature ardente et sauvage en Écosse mais se voit dans l'obligation de regagner la France. Après plusieurs mois passés à la cour, il traverse l'Angleterre et la Flandre, subit un naufrage sur les côtes écossaises… *La mer en bouillonnant, qui se suit et resuit/En tortis écumeuse, aboie, d'un grand bruict,* se souviendra-t-il plus tard. Il a seize ans et une vie tumultueuse déjà bien remplie d'émotions et d'aventures pour un enfant saute-ruisseau. Revenu en France à la fin de l'année 1538, il passe au service du duc d'Orléans et reprend sa place à l'Écurie royale où il entretient les selles, les éperons, les armures et les housses de velours noir qu'affectionne le roi. L'Écurie est un haut lieu où se croisent des artistes (François Clouet y peint des coffres), orfèvres, plumassiers et musiciens… L'Écurie est considérée comme « de tous bons et vertueux exercices ». Le petit Pierre que l'on disait « robuste, d'aspect martial au regard grave », y fait de l'équitation et même de la voltige. Il apprend à danser, à lutter, à escrimer, à manier un cheval. (Il se raconte que, âgé, Ronsard gardait un cheval de bois dans son prieuré pour encore pratiquer de la volte.) Le rôle de page ne s'éternise pas, il est « mis hors de page », reçoit une forte somme d'argent de Charles d'Orléans et devient écuyer d'écurie. Ce qui ne signifie pas qu'il ne s'occupe que des chevaux. L'Écurie royale est une sorte d'académie, où l'on assouplit aussi bien l'esprit que le corps. Il se lie avec son cousin Lazare de Baïf, diplomate, fin lettré, fervent humaniste, qui l'entraîne en Allemagne dans le sillage de Charles Quint et de l'empereur d'Allemagne qui tentent, une nouvelle fois, de trouver une concorde entre catholiques et protestants. Ronsard est ébloui par les pompes, s'enflamme pour les auteurs de l'Antiquité. Horace, Virgile ; mais aussi pour Clément Marot, et il s'imprègne de leurs vers.

« J'aurais été soldat, si je n'étais poète », dirait Victor Hugo : la voie royale des armes ou de la diplomatie s'ouvrait devant lui. Le sort en décide autrement ; en mai 1540, à son retour à Paris, atteint d'une otite, Ronsard devient « à demi sourd ». *Une aspre maladie, Par ne sçai quel destin, me vint boucher l'ouïe.*

Il ne pourra être ni officier aux armées, ni diplomate à l'étranger, ni courtisan à la cour où il vaut mieux être muet plutôt que sourd. Les hommes d'épée croisaient avec les hommes de lettres, il était de bon ton de ne pas se contenter d'épouser sa cuirasse. Après tout, c'était un temps où François Ier venait de fonder le Collège royal (plus tard, le Collège de France) où l'on enseignait toutes les disciplines. Au désespoir de son père, même si lui aussi s'intéressait aux lettres, il sera poète. Quel métier, pensait-il.

Il se fait clerc, c'est-à-dire qu'il peut suivre l'instruction et entrer dans l'Église. Si ses tympans engourdis perçoivent encore le chant du rossignol, ce sont les longues cloches de l'église qui résonnent dans la tête du demi-sourd. Il est tonsuré, ce qui n'engage à rien, donne accès aux bénéfices et permet de développer d'autres aptitudes, d'autres savoirs. Et d'écrire à son aise, lui qui pense que l'instant présent et ses *douces fureurs* allègent l'existence, que la réussite sociale est illusoire :

> *Nous ne tenon en nostre main*
> *Le futur ni le lendemain*

Son trouble l'oblige, pour son plaisir, à se réfugier à La Possonnière et à retrouver ses Muses, qui lui chuchotaient déjà lorsqu'il était petit enfant. Par ce *tintin de l'oreille*, tel que le nomme du Bellay dans l'« Hymne de la surdité » qu'il lui dédie, il reçoit les confidences du murmure des sources, des chants d'oiseaux et du bruissement des feuilles luisantes.

Encombré de ce handicap, il voit son existence changer. Ronsard revêtira plusieurs habits, jouera plusieurs rôles, dans une diversité de palettes, de volte-face, pour assurer des passions contradictoires, un jour célébrant la vertu et un autre chantant la volupté, orchestrées par le désir et la raison. Pourquoi l'homme ne serait qu'un ? Dans le fil d'une journée, sous le flambeau de la puissance fatale des astres, n'est-ce pas lui qui lit une inconstance ?

LES CIEUX DE LA PLÉIADE

Mes pas m'entraînent souvent à La Possonnière, et chaque fois, sur le parcours qui me sépare de la demeure de Ronsard, je suis surpris : à mi-chemin, au sud de ce monument classé, on a laissé pousser un lotissement, qui plus est nommé La Pléiade. Je m'engage dans cette allée et suis une longue courbe qui distribue des voies sans issue bordées de coquets pavillons. Et je ne peux que songer aux sept poètes qui refusaient de se soumettre à l'héritage médiéval, à ceux qui avaient renouvelé notre langue, qui chérissaient les mythes et vouaient une admiration à l'Antique, ceux-là mêmes qui s'étaient d'abord appelés La Brigade. Qu'auraient-ils pensé de ces maisonnettes préfabriquées des années 1960/1970/1980 avec leur toiture aux tuiles mécaniques, leur garage en sous-sol, leur véranda, leur jardinet tiré au cordeau, leur pelouse lustrée, leur balançoire et leur toboggan aux couleurs de pacotille ? Auraient-ils composé des odes à ces rêves de Français, ceux d'une vie de labeur ? Doit-on pour autant sanctuariser l'espace autour des demeures d'artistes renommés ? Non, bien sûr, la France entière, avec ses territoires à la mémoire de ses artistes, ne serait plus qu'un musée en plein air. Désormais, les rives antiques semblent bien lointaines. Passé et présent s'enchevêtrent. Jean Dorat, Rémy Belleau, Joachim du Bellay, Jacques Peletier, Jean Bastier de La Péruse, Pontus de Tyard, Guillaume Des Autels, Jean-Antoine de Baïf, Étienne Jodelle.

Alors que je marche d'un pas tranquille vers La Possonnière, ils défilent. J'énumère leurs noms, litanie à voix haute. Je m'étonne des échos mélodiques que ces absents recèlent. Comme une antienne, un scintillement immobile, je les grave dans l'air lavé de ma mémoire. On les a oubliés ou presque ; pour moi, ils chantent dans les trains de nuages de Touraine. Parfois surgissent quelques-uns de leurs vers, comme ceux de Rémy Belleau :

C'est toi qui fais que la Lune
Mène au galop ses morceaux
Le long de la lisse brune,
Claire de mille flambeaux :
C'est toi qui de main maîtresse
Pousse avant la blonde tresse
Du Soleil au fond des eaux.

Dans ma tête se bousculent les vers des uns, des autres, j'essaie d'y mettre un peu d'ordre. Je ne voudrais pas que l'on se sépare de cette langue. Comment éclaircir l'auréole Ronsard ? Celui qui s'autoproclame le « sonneur de louanges » n'oublie pas ses camarades de La Brigade, il met un point d'honneur à célébrer ses amis, leur dédie des odes pindariques, se vantant même de relever le défi d'Horace : *Pindarum quisquis studet aemulari* (celui qui tente d'égaler Pindare). Comme chez son modèle, la rime ne suspend pas la phrase et s'étend au-delà de la strophe. Dans ces odes, les exégètes décèlent diverses influences et pratiques inspirées d'Horace, de Pétrarque et la présence d'Anacréon ou autres. On peut d'ailleurs trouver les racines du fameux *Mignonne, allons voir si la rose* dans de gracieux pastiches d'Horace oubliés de tous ou encore dans des pièces d'inspiration médiévale :

En mon cueur n'est point écrite
La rose, ni autre fleur,
C'est toi blanche Marguerite
Par qui j'ai cette couleur ;

Ce n'est pas par ses thèmes que se distingue Ronsard mais par la forme. Certes, le poète a emprunté à ses prédécesseurs mais il insuffle un feu neuf à notre poésie. Quelques années après les avoir écrits, Ronsard lui-même reniera ses vers débordant d'érudition et souffrant de labeur. Il met fin au *vilain monstre Ignorance*, à l'obscur Moyen Âge. Avec lui, la poésie s'envole et ne se contente pas de célébrer *la plainte amoureuse et intime* de ses pairs, tel du Bellay qui le couvre de louanges (*L'Olive*, 1550) :

Divin Ronsard, [...]
Fameux harpeur et prince de nos Odes.

L'ÉCLAT DES CAVES

Je marche sur la sente des vignes et des caves, un ancien chemin qui doit dater d'avant le Moyen Âge. Ronsard devait lui aussi l'emprunter. Je ne suis pas loin de penser que le poète est l'égal d'un sarment tordu en sa racine, capable de soulever un roc et qui rêve de l'obscurité des profondeurs d'où montent tous les plus subtils et les plus purs sucs de la terre. N'est-ce pas dans le vin que volent les esprits ? Le vin n'oublie jamais, lui qui possède l'art de vieillir.

En une froide et humide fin de journée d'automne, sur le tertre proche de La Possonnière, il n'est pas rare qu'autour d'un feu, des hommes aux mains brusques se regroupent dans un de ces trous creusés dans le ventre de la roche. *Antres secrets, de frayeur tout couverts*, résume le poète. Ils dénichent un flacon non étiqueté qui dort auprès d'autres dans une alvéole sableuse et partagent un de ces breuvages locaux, pineau d'Aunis ou coteau du Loir, vins clairs accompagnés de quelques noix ramassées en chemin. Persiste dans ces traditions ancestrales quelque chose du tempérament gaulois, quelque chose d'une civilisation perdue. Rien ne paraît changé en ces lieux bacchiques et dévoniens. Ce n'est point un enfer, c'est le séjour des merveilles, rassurait Don Quichotte. Ces précieux moments de vertige, de perception de l'abîme, réveillent le temps et c'est comme baigner dans la lumière de Ronsard (je pense aussi au voisin Rabelais), comme s'il se tenait parmi nous ou tout au moins qu'il nous envoyait des signaux. C'est lui encore, tel que représenté sur son portrait gravé, une belle tête d'homme, nez aquilin et barbe finement taillée, qui veille en ces lieux. Avec quelque chose d'ardent et de grave. Ici on le célèbre, on le respecte, certains lui prêtent des pouvoirs, lui inventent des vies, rêvent son existence. Il se peut aussi qu'ils prétendent être de lointains descendants du poète. Avant de se quitter, tour à tour, les hommes lisent à haute voix, avec plus ou moins de justesse, quelques-uns de ses vers glorifiant l'amour de la vigne.

Quand la mort me voudra tuer,
A tout le moins si je suis digne
Que les Dieux me daignent muer,
Je le veux estre en fleur de vigne,
Et m'esbahis qu'Anacreon,
Qui tant a chery la vendange,
Comme un Poëte biberon,
D'elle n'a chanté la louange.

Les visages des plus taiseux s'éclairent, les têtes sortent des épaules, les regards s'allument, les timides s'égaient, les indifférents babillent. Des paroles s'échangent, des rires éclatent et des chants de campagne, souvent les mêmes. Aux ombres montantes, les exclamations s'éteignent, chacun reprend son chemin. Zigzaguant à pied ou titubant, appuyé contre le guidon de sa bicyclette. Qu'importe, Ronsard existe dans les esprits, en dehors du buste marmoréen qui le célèbre face à la mairie du village. Difficile d'y lire le contemplatif, l'homme de cour, impérieux, peut-être.

FAIT DIVERS

Ronsard n'évoque pas dans ses écrits l'épisode que je vais vous conter maintenant et qui me fascine. L'histoire se déroule plusieurs années avant sa mort, le 14 mai 1573. Sans doute ce fait divers, mêlant, qui plus est, des membres de sa famille, est-il trop sombre, trop violent, pour un poète aux vers a priori aimables. Cette trouble histoire m'intrigue encore dans un monde qui paraît feutré, mais non, la violence était déjà partout.

Combien de fois ai-je tourné autour de cette propriété nommée La Denisière (dont on pourrait confondre le nom avec La Devinière de François Rabelais) ? Autrefois, ses pentes douces étaient plantées de vignes. Le vignoble de La Denisière avait si bonne réputation que Ronsard n'hésita pas à lui consacrer quelques vers.

Quand Bacchus vint camper sur les bords du Loir, ce fut sur cette terre que le dieu s'arrêta *où ta main fit prougner* [provigner] *une haute coutière* [coteau de vigne]. Vers en souvenir de Virgile : *Bacchus mêla les eaux de ce fleuve à la vigne, qu'il avait inventée.*

De simples barrières en rondins de bois clôturent le domaine, que je n'ai osé franchir. J'approchais timidement avec l'idée de rester lointain comme si une menace pesait encore. De la route on n'aperçoit qu'une modeste tour ronde, vestige de l'ancien théâtre tragique. Le jardin, aux allures de parc, est entretenu. Des essences choisies, magnolias, pins parasols, cornouillers... entourent de leur ombre la demeure qui semble désertée. Jamais croisé quelqu'un alentour.

Nous sommes donc en 1573, pendant les guerres de Religion, temps où même les esprits les plus raffinés s'échauffent au point de devenir inhumains. Cette nuit du 14 mai 1573, donc, trois membres de la famille du poète assassinent non seulement leur belle-sœur, une certaine Madeleine de Monceaux, mais aussi massacrent trois personnes employées à son service. Voilà les faits que l'on rapporte ici ou là. Guillaume de Ronsard, un cousin du poète, est décédé en

1567 et a laissé à sa veuve Marguerite de Monceaux le manoir de La Denisière. Ses deux frères, Nicolas et Gabriel, voient échapper leur patrimoine, plutôt leur héritage. Ils décident tout bonnement de supprimer leur belle-sœur. Ils parviennent à convaincre un de leurs cousins, Jean-Baptiste, et un fermier de la future victime qui connaît bien les lieux, le sieur René Doré, qu'ils rétribuent. Les hommes s'introduisent nuitamment dans la propriété et commettent l'irréparable. Au petit jour gisent quatre corps, ceux de trois domestiques, deux femmes de chambre et un cocher et celui de Marguerite. Après avoir torturé la victime afin de lui faire avouer où elle cache ses biens, ils tirent sur elle à bout portant et l'achèvent au couteau avant de s'emparer du magot, bijoux et or. Au petit jour, ils regagnent leurs pénates, au château de Beaumont-la-Ronce. La maréchaussée dépêchée dès le lendemain sur les lieux constate les crimes sans retrouver aucun indice. Jusqu'au jour où le sieur Doré, pris de remords, finit par se livrer et tout avouer. Il est emmené à la prison du Châtelet, à Paris. Des mandats sont lancés contre les frères Ronsard et le cousin Jean-Baptiste. En fuite, ils sont condamnés à être roués de coups en place publique. À défaut, ce sont leurs effigies qui y sont brûlées. René Doré, le complice, sera, lui, pendu, puis aura la tête coupée et plantée au bout d'une pique exposée à la porte Saint-Georges de Vendôme. Vingt ans plus tard, un des frères Ronsard réapparaît sans qu'il soit inquiété. Depuis cette terrible histoire, il se dit que le manoir de La Denisière, hanté par le fantôme de Marguerite, change régulièrement de propriétaire. Aujourd'hui, devant le portillon d'entrée, sur un panneau, une élégie de Pierre de Ronsard célèbre le père du poète sans trop insister sur les crimes de 1573.

MUSES DES FORÊTS, DES VALLONS ET DES FONTAINES

Je comprends que Ronsard perde son imagination dans le halo des mythes. Alors que je longe les murs de La Possonnière, devant les caves taillées dans une faille de craie qui accueillaient les pèlerins du chemin de Saint-Jacques-de-Compostelle, une voix me dit qu'il manque aux pierres de vivre. Il y a des secrets à percer. Si on creusait cette roche tendre, on découvrirait des galeries aux parois pétrifiées, on en retrouverait d'anciennes, pénombres délicieusement teintées, qui nous mèneraient loin, à des kilomètres de là. On serpenterait dans ces boyaux de pierre, veines blanches de la terre. On s'y fourvoierait peut-être. Mais je divague. Je reste en surface et poursuis, comme souvent, le sentier escarpé qui borde le bois de Gâtine dans la continuité du domaine de La Possonnière.

Autrefois, ces « gâtines » étaient des zones marécageuses où rien ne poussait, terres incultes à l'abandon. Or Ronsard l'honore et la glorifie de « Mère des demi-dieux ». Il aime se risquer sur ses pentes, s'enfoncer dans ces bois qui sont les siens, il y revient souvent dans ses poésies (*Le Bocage, Les Meslanges*).

Une odeur enivrante d'herbe fraîchement coupée, dans le lointain le cri incongru d'un coq suivi d'un aboiement. Le site a conservé un aspect agreste, presque sauvage. Rien de morne. Il me plaît de m'y égarer. Certains matins vides, je m'oublie dans ses profondeurs. Je m'enforeste. Les croisées d'arbres forment une voûte, ouvrent un passage, je m'y engouffre. Des colonnes et des arches, le leurre des architectes. La nature exerce une attraction, réussit à faire croire à des simulacres. Elle peut déconcerter. Dès qu'on s'y aventure, la vie s'anime. Un monde dans le chant des oiseaux, un écho de finesse.

Mais, Rossignol, que ne vient elle
Maintenant sur l'herbe nouvelle
Avecque moi dans ce buisson,
Au bruit de ta douce chanson

Je lui ferois sous le coudrette
Sa couleur blanche, vermeillette

Jonchées de branches, lamelles d'écorce rabougries, squelettes éclatés, fabrique de bois mort, bois de tous âges. Il n'y a jamais eu de cultures. Même les troncs ont pris des tonalités minérales. Y règne un désordre qui affole l'œil, aimanté de tous côtés. Qui vient errer ici ? Un trou d'eau où murmure un ruisselet. Ronsard, le sourd, l'entend-il ? Autour, des traces de sabots. Qui est venu boire et s'ébrouer la nuit ? Les tresses des lianes tombent libres des frondaisons et pendent en une chevelure serrée, l'envie de les saisir et de se balancer. Au pied d'un chêne au tronc épais que je peine à entourer de mes bras, je m'étends sur le feutre rosé des bruyères, sous l'opulence de ses rameaux. Mes pensées s'évanouissent au-dessus d'une percée du ciel dans les traînées de brumes des premiers rayons de soleil. Un souffle s'échappe de la terre, elle fume comme incendiée. Chaque fois, couché sur le tapis de feuilles, je vois une beauté s'épanouir, et c'est un nouveau secret dévoilé. Je fixe mon regard et ma pensée s'arrête sur ces feuilles sèches aux découpes festonnées, une vie figée, quelque chose qui refuse de se dire, une douleur. Sur de vieilles souches, bois nécrosés, des rubans de mousse, frange cousue d'un vert inégalable, s'obstinent à jamais. Quelques pas. De jeunes sujets s'élancent, fiers, adolescents. Comme le petit Pierre, je butine.

Des trous et des galeries creusés dans le sol sablonneux signalent la présence de renards. Il est rare de les croiser, mais je sais qu'ils s'y terrent. En cet endroit, la forêt respire, des animaux vivent. Ils sont chez eux. Soudain un geai alerte du rauque de son cri ma présence, je comprends qu'ils m'observent depuis leur cachette comme une menace en silence. Il y a si longtemps, j'avais recueilli un de ces geais au plumage brun rosé, blessé à l'une de ses ailes bleu vif. Je l'avais conservé quelques jours dans un carton puis je l'avais laissé s'envoler une fois rétabli. Jeu et pitié des enfants. Impressions décousues qui m'éloignent de Ronsard. Ou peut-être au contraire le raniment-elles. Comment dire ? À chaque pas, je le sens vivre, ainsi les écrits ravivent vos propres impressions et se confondent avec elles. J'écoute le fantôme, sa voix d'autorité. Murmures fragiles, ses mots vibrent et s'emmêlent à ma propre respiration. Paroles secrètes tel un vide qui parlerait, une intimité imperceptible qui fixe l'instant. Elles peuvent me submerger, m'engloutir. Sous les frondaisons je peux m'abandonner aux images qui montent du subconscient, étendu à la paresse sur les mousses, yeux fermés, paupières à demi plissées, attendre de me laisser surprendre. Tiens, une averse. Son ruissellement continu. Un prisme, des rayons, mystérieux plis saisis dans un bouillonnement immobile qui abolit les saisons. Où suis-je ? À quelle époque ? Herbe froissée, l'aimable odeur de la terre mouillée. Puis, dans la distillation d'une lueur déjà jaunie, je me rétablis, sanglier à deux pattes, visage perdu dans l'ombre, je taille sous les futaies, m'égratigne dans les fouillis de broussailles épineuses, saisi de vertiges dans une sorte de débâcle. Moments d'ivresse et de majesté. Je vois ce qui ne se voit pas. Une lumière semble m'appeler dans les herbes. Je ne sais d'où elle vient, elle est là, elle scintille, peut-être est-ce cette lumière de l'enfance, l'enfance à nouveau me kidnappe. Et tout renaît. Quand les jours vous vident, être en proie à la nature est une chance inouïe. Au cours de la grimpée, la fuite d'un animal. Craquement des branchages. Soudain, une panique. Renard, lièvre, écureuil ? Un chat peut-être ? La bête est restée tapie. J'entends son cœur battre si vite. Les insinuations du silence. Une clairière, un roc, un pin et c'est une mise en scène dans un éblouissement. J'admire le pittoresque du pin parasol, la courbure de son tronc, la parure de son écorce vieillie d'un ocre rouge. Comment a-t-il choisi de pousser à cet endroit ? Les chênes qui l'entourent doivent aussi se poser la question. Je poursuis ma marche, gonflé d'ardeur, comme si j'étais à la recherche de quelque chose. Mais non je ne cherche rien, je suis la brume que le vent dissémine. Je m'élève à la clarté, j'avance sous les railleries du ciel, chaque caillou qui roule sous mes pas m'est bon. Je vois les belles heures se diluer, toutes leurs subtilités, jusqu'aux rires vainqueurs d'un été. J'appelle les reliques d'un triste hiver, les étreintes et les gouailles de l'automne et les tremblements des printemps, soubresauts attendus. Miroir flatteur des saisons.

Je pars à la dérive, je me détache de la vie réelle, je prends congé de notre monde, je délaisse notre langue vivante, à force de lectures anciennes j'apprivoise Ronsard. Ou est-ce lui qui vient à ma rencontre ? Il est bien tentant de s'enfermer dans une liberté d'hier, d'ouvrir et de refermer le temps.

Je prends plaisir à l'observation des arbres et des plantes, curieux à la nature, j'erre à travers les bois et les chemins à goûter leur singularité, sans aucun but précis. J'aimerais y découvrir des variétés disparues, l'orme et ses branches alourdies de fleurs hérissées d'un fruit cramoisi. Perfection des espèces. Sous le couvert des forêts, tout tracas s'efface et il n'est pas rare que je me surprenne à bondir au-dessus des fougères aux frondes argentées. On dit qu'elles fleurissent la nuit. Éloigné du tumulte du monde et de ses tapages, je me laisse emporter dans les vapeurs d'une douce solitude. Il arrive alors que l'imagination s'empare de mes sens, bal de pénombre.

Lors de mes virées dans les sous-bois, l'envie irrépressible de retenir toutes mes sensations mais les mots me manquent, les mots ne suffisent pas dans le désordre des lettres. Je les ignore pour signifier la subtilité de la palette vert émeraude d'une mousse sous la morsure d'un filtre d'or, le jaune de Naples d'un extravagant champignon au port altier, le gris poussière, l'argent des lichens, et ces feuilles éprouvées, agitées au sol par des tournoiements. Un tumulte sans pitié. Comment dire cette nature en mouvement, ses zones vibratoires ? Ces insectes qui circulent sur un tronc à terre ? Par la fenêtre, des oiseaux volettent, mésanges, bergeronnettes qui n'attendent que d'être dites. Il faut être apte à les recevoir, attendre que l'horizon s'éclaircisse. Il est tentant de traduire en un noyau de clarté ces illuminations. Combiner ses impressions, ses sensations, ses pensées. Il me faudrait inventer de nouveaux vocables, peut-être les désigner par le souffle de quelques lettres désordonnées, inventer des borborygmes. J'attends le miracle de la belle langue, quelque chose d'intense et de puissant, un révélateur. Toujours cette impuissance à écrire sur l'instant évanescent des nuages qui passent, le cri d'un oiseau – quel oiseau au juste ? Une voix parfois me dépêche *le* mot.

Je m'interroge depuis l'enfance, lorsque sur le chemin de l'école, chargé de mes cahiers, je parcourais seul un kilomètre sous une brise glaciale, la tonitruance des pluies ou la brûlure d'un soleil de juin. Je me disais tout bas ce que je voyais. Trouée d'or d'une feuille sur les eaux sombres, cône de lumière. Des vents africains passaient dans l'air, mes pensées naviguaient. L'envie de fixer avec des mots tout ce qui apparaissait, tout ce qui tendait vers moi. Imaginer l'infranchissable. L'impossibilité d'inventer une langue absente de la nôtre. C'était bien une réalité à raconter, ces infimes événements, ces minuscules univers où tout semble se jouer. Le déplacement d'un escargot, l'armure d'un scarabée, la larme de rosée sur une feuille, trouver les mots qui s'élèvent comme les fumées bleuissent. Depuis ces lointains temps de l'origine, je n'ai cessé de rêver, de m'interroger sur ce monde visible de la nature. Tenter de saisir l'éphémère, c'est dire sa propre impuissance, son manque face à l'impossible. Peut-être me suffisait-il de laisser courir mon imagination. Il me fallait m'acharner, me laisser prendre par l'allégorie du langage sans penser à organiser un texte. L'intuition du silence. Saisir le vol de l'hirondelle qui signe les cieux pour me tenir en vie. Mêler sa parole aux vents. Il ne fallait pas renoncer, pas en démordre, même si souvent les mots demeuraient en suspens, mots retenus, simples tentatives orales. Je ne connaissais pas alors les odes de Ronsard chantant la grenouille qui vit aussi bien que les dieux mais moins longtemps que les hommes :

Nous t'estimons une Déesse,
Chere Grenouille, qui sans cesse
Au fonds des ruisselets herbeus
Te desalteres quand tu veus,

Aussi le frelon :

Qui ne te chanteroit, Frélon
De qui le piquant aiguillon
Releva l'asne de Silene,

Ronsard célèbre l'hirondelle, le rossignol, le houx… courts textes que l'on nomme alors « blasons », poèmes anatomiques, descriptifs, en vogue depuis Clément Marot. Mais sa fonction n'est pas seulement de décrire par exemple le vert luisant du houx, son piquant… mais, aussi, sur le ton de la conversation, de divertir et de faire sourire avec grâce. Son contemporain Rémy Belleau, avec qui Ronsard dialogue :

Mais il est tans cher Remy,
De louanger nostre Fourmy,
Que l'ingénieuse nature
Aime sur toute Creature.

Dans *Le Fourmy*, adressé à Rémy Belleau, Ronsard donne la parole à la cerise, à l'escargot, à la manière d'un peintre miniaturiste. Le poète délaisse dans ces courts textes (*Odes* de 1550 et *Amours* de 1552) les sujets nobles et ambitieux – grandeur des héros, tourments des amours – privilégiant les odes au monde animal et végétal. Il se saisit des éléments simples et communs de la nature pour rendre le quotidien grandiose. Dans *Les Meslanges*, comme dans *Le Bocage*, il élargit son champ au Verre, à la Chasse et aux Armes. Ce genre est déjà traité au Moyen Âge, dès la fin du XVe siècle, comme en Italie par des poètes burlesques. Au siècle dernier, Francis Ponge saura mettre des mots sur la mousse :

Les patrouilles de la végétation s'arrêtèrent jadis sur la stupéfaction des rocs.

Les arbres :

Quelques longs arbres, des plumets de leurs faîtes, écartent au ciel tous flocons hasardeux.
Prisonniers par leurs racines, solides mais flexueux sur leurs talons, ils font le large autour du précieux, de l'olympien personnage,

– ils ouvrent à ses regards les cieux.
[…] Détache-toi de moi ma trop sincère écorce
Va rejoindre à mes pieds celles des autres siècles

Et l'araignée, le lézard, le cheval, la figue, le verre d'eau, le soleil… L'auteur du *Parti pris des choses*, celui qui sait exprimer les objets les plus insignifiants comme s'attacher à dire l'essence éternelle d'un cageot rarement citera Ronsard, si ce n'est : « Ronsard et son école avaient ajouté je ne sais combien de cordes à la vielle de nos anciens poètes : cordes et rubans hellénistiques. » Leurs vers sont pour moi une musique sans instruments et je ne les réduis à pas des descriptions lascives, aquarelles verbales teintées de mythologie. Ponge préférera se fixer sur Malherbe.

En redescendant, au pied du bois de Gâtine, je suis tombé sur l'Aître de la Belle-Iris, dite La Bellerie, le pendant de la *fons Bandusiae* du vieil Horace. Une source, plutôt un trou d'où s'écoule encore un filet d'eau et où se plaisent à barboter les grenouilles. Je me suis dit, ce lieu est celui du petit Ronsard, celui où il trouvait l'inspiration, ce qu'il nommait *la fureur* ou encore *le ravissement*. Le roc évoqué s'est effondré, recouvert de mousse, de plantes aquatiques. Au-dessus, celui qui se penche sur les songes, le saule si naturel, et sa chevelure affolante, n'est plus. Un fringant *Magnolia grandiflora* au feuillage persistant d'un vert brillant le remplace, sujet inconnu à la Renaissance, introduit en France au XVIIIe siècle. Je ne doute pas que le petit Pierre aurait su l'illuminer de quelques enchantements et aurait souri à ses fleurs blanches qui arrivent avec l'été. Je me suis assis dans l'herbe humide près de la fontaine, à respirer à pleins poumons l'air d'où viennent le vent, les insectes, les oiseaux, attentif au moindre bruissement. Je sentais transpirer la terre et monter en moi sa sueur. Autour, tout était calme, et ce calme pesait. J'ai attendu que le soir tombe, seul. J'ai ouvert un livre de poche où dorment ces vers et j'ai lu doucement :

O Fontaine Bellerie
Belle fontaine chérie
De nos Nymphes, quand ton eau
Les cache au creux de ta source
Fuyantes le Satyreau,
Qui les pourchasse à la course

J'attendais la visite du hasard et peut-être, ce soir-là, celles des Muses, leurs confidences. Ni nymphes, ni faunes, ni satyres. Nul ne s'y presse. C'est le lieu où le petit Pierre, livré à lui-même, ivre des vers antiques, imagine sourdre du vieil antre herbeux rongé de lierre les Dryades, Napées et Oréades, Ægypans, cortège de divinités des champs et des bois suivies de fantastiques fées et autres créatures chimériques. Rien vu de la sorte.

Au moment où je m'apprête à quitter ce trou de verdure, avant que ma déception ne devienne plus grande, surgit une belle cavalcade de petits dragons noirs tachés de jaune. Les curieuses créatures et leurs têtes noircies au charbon s'échappent subrepticement d'une anfractuosité humide. Je suis la course de mes visiteurs, diablotins luisants aux prunelles élargies qui s'arrêtent pour me tirer la langue et semblent se moquer de moi. Ou bien me saluent-ils ? Divines salamandres. N'est-ce pas plutôt François Ier qui me fait signe ? Je m'égare encore. Ronsard ressuscite le culte de la chair et de la nature, l'âme celtique. Je laisse ces drôles d'êtres poursuivre leur course en lenteur et je reprends la lecture :

O Déesse Bellerie,
Belle déesse chérie
De nos nymphes, dont la vois
Sonne ta gloire hautaine
Accordante au son des bois,
Voire au bruit de ta fontaine
Et de mes vers que tu ois

Le poète en herbe, dans les pas de Clément Marot (lui qui avait grandi à la cour de François Ier), retient la rhétorique hellénique et reconnaît la divine grâce des beaux vers d'Horace. Et s'envole sous les ailes de Platon : « Ce ne sont pas les poètes qui disent des choses si admirables, mais c'est le dieu même qui les dit et qui nous parle par leur bouche. » Peu importe que sur certains vers de ses odes à la nature plane l'ombre d'Horace ou d'autres ; celui qui fait chanter le grec en français dégage une émotion sincère. Et rarement avant la Renaissance on avait élevé la nature au même niveau que l'homme lui-même. Ronsard établit un dialogue avec elle.

L'incertaine vie de l'homme
De jour en jour

Se roule, comme
Aux rives se roulent les flots

Je m'interroge: pourquoi jusqu'à Ronsard les poètes avaient rejeté, dédaigné la nature, réduite à de simples références? Au Moyen Âge, époque où tout est soumis à Dieu, où seul compte Dieu, elle est reléguée au rang de décor, parfois stylisée, utilisée en tant que symbole et même perçue comme inhumaine. Tout change à la Renaissance à travers le regard des artistes: la nature est hissée au même degré que l'homme, elle devient une présence. Elle défie l'homme de durer, elle le happe et peut-être même l'effraie-t-elle. Les poètes commencent à dialoguer avec elle, rêvent avec elle. Même si Ronsard la travestit des masques de la mythologie, il l'anime d'ondes nerveuses, y mêle ses propres sensations, ses émotions au rythme des saisons avec des accents de justesse même lorsqu'il s'attache à chanter les lamentations d'une génisse. Là, il insuffle un réalisme et une musique qui ne sont pas ceux du poète de cour.

SURGIRA CASSANDRE

Apprend-on à être poète ? Ronsard étudie en compagnie de Baïf et du Bellay, au collège de Coqueret, sur la montagne Sainte-Geneviève. Leur professeur au savoir merveilleux, Jean Dorat, le Limousin, fait des lectures enthousiastes en grec ou en latin, langues qu'il rend vivantes, de l'*Iliade*, de l'*Odyssée*, mais aussi des œuvres de Pindare et de Pétrarque. Il sait animer ses lectures, il les allégorise. Il chante aussi avec ses élèves des chants bacchiques. Quand il lit le *Prométhée* d'Eschyle, Ronsard s'exclame : « Eh quoi, mon maître, m'avez-vous caché si longtemps ces richesses ! » Dans ses premiers vers le poète célèbre les roses, l'amour enfant, la colombe enivrée du vieillard de Téos, paraphrasant Anacréon tout en liberté et en félicité.

Des centaines de vers suivent où Ronsard fait

de l'Amour son feu principal, non d'un point de vue théorique, mais attisé de souvenirs personnels. S'abandonnant à la sincérité, il confesse :

J'aime à faire l'amour, j'aime à parler aux femmes,
A mettre par escrit mes amoureuses flammes,
J'aime le bal, la dance et les masques aussi,
La musique, et le luth, ennemis du souci.

Au XVIe siècle, dans le sillage de Pétrarque, il est de coutume d'aimer en vers, c'est à la fois une tradition et une mode.

Qui imagine un Ronsard enfermé dans un prieuré à incanter Dieu ? Des vertiges montent à la lumière.

Ronsard, le clairvoyant. Déjà, fin observateur, il avait tout saisi de l'âme humaine, de ses roueries, de ses tours de passe-passe, de ses comédies. De la ruine de la cité... Déjà, il a conscience de la richesse de la nature et de la nécessité de la protéger (il s'attaque à un teinturier qui pollue une rivière face à son prieuré comme, on l'a vu, il déplore l'abattage des arbres). Quand on le lit, il suffit de peu pour le transposer et l'adapter à notre monde, celui des vanités des réseaux sociaux, d'un peuple médisant sur son prince, d'une république malade, des sceptres brisés, des guerres civiles, des guerres étrangères… Qu'est-ce qui change dans le fond ? Ronsard éloigné des tourments du monde avait délaissé la richesse, la réussite sociale, la victoire qu'il jugeait illusoires. Il choisit la prière, peut-être, aussi, par fidélité envers son père Loys.

J'écris ces lignes alors que le brouillard de décembre tombe sur la rivière, enveloppe l'Isle Verte, la stèle du poète s'enroule et disparaît dans une sorte de gaze. Une montée des eaux noie les berges, embarque les roseaux et charrie les bois morts. L'eau galope sous les brumes. Peut-être le moment idéal pour les apparitions des nymphes, passant en secret. Transparence des formes, crissement soyeux de l'organdi. Elles voltigent dans l'air, je sens leur présence sans les voir. Elles débordent de beauté, s'adressent à vous. Une voix plaque son accord – vous les inventez. Des noms jaillissent, noms d'autrefois, noms des mythes, noms d'ailleurs : Astrée, Genèvre, Pallas, Diane, Junon, Marulla, Harpe, Artémise, Atalante, Hortensia, Panthée, Marpésia, Lélia, Tulia… Ces noms portent tous une force intérieure, des secrets qui traversent le temps. Même si vous les ignorez le langage travaille. Comment peut-on avoir une proximité avec des noms aussi éloignés d'aujourd'hui, de notre monde, de notre réalité ? Il y a dans chacun l'évocation d'un univers, peut-être d'un désir, d'une langueur qui reste des choses, d'une mythologie, d'un rêve d'histoire que l'on tisse. Tous coulent dans ma mémoire, j'y associe de la grandeur, des moments de grâce, des batailles, des nuits d'ivresse, des joies, des larmes, qui sait, des amours peut-être.

À la Renaissance, époque où on décrie la nature féminine, où on l'oublie ou l'empêche, où on lui dénie toute qualité dans les domaines de la connaissance, apparaissent des textes qui célèbrent les femmes.

De tous ces noms me parvient celui de Cassandre, qui a obtenu d'Apollon le don de prédire l'avenir après s'être offerte à lui. Ce pouvoir comme tentative de séduction. La prophétesse qui annonce le subterfuge du cheval et tout le mal à Troie et que personne n'a crue, sera celle qui a abusé Apollon. Cassandre, d'une grande beauté, l'égale d'Aphrodite d'après Homère, eut aussi la vision de son propre meurtre, ayant assisté au massacre de sa famille… Cassandre héroïne pour Eschyle (l'*Orestie*), Sénèque (*Agamemnon*), Virgile (l'*Énéide*), dame de renom chez Boccace et même, plus tard, hirondelle qui dit toujours la vérité pour Jean de La Fontaine. Son nom nourrit l'imagination. Cassandre, gorgée d'encre, voyageuse de livre en livre, demeure associée à Ronsard plus qu'aux autres. Si l'on essaie de retrouver la véritable Cassandre du poète, celle qui figure à la fine pointe de mes rêves perd, un peu, de ses délices. Le poète brûlé de l'intérieur, à la poursuite des mots, attise un idéal qu'il ressuscite jusqu'à ce qu'il se dissolve dans ses poésies. Que seraient les beaux vers de Ronsard si Cassandre n'avait existé, si elle n'en était pas la circonstance ? À vingt reprises, le poète chante avec justesse et précision la beauté de sa Cassandre ; j'imagine un portrait à la Clouet. Et comme un peintre peut affûter une note, un détail, une couleur, il reprend sa description. Yeux bruns, chevelure ciselée, bouche corail, dents de perle, fossettes de son rire, jusqu'à son baiser parfumé d'ambre et de musc. Le vent de la vie.

Ces liens d'or, ceste bouche vermeille
Pleine de lis, de roses et d'oeuilletz

Et ces couraulx chastement vermeilletz,
Et cette joue à l'Aurore pareille.
Ces mains, ce col, ce front ey ceste oreille,
Et de ce sein les boutons verdeletz,
Et de ces yeulx les astres jumeletz,
Qui font trembler les ames de merveille…

La musique charmante et naïve de ses sonnets séduit Cassandre à la beauté éclatante qui accepte de lui rendre visite à Couture. Il l'emmène sur les bords du Loir, navigue sur la rivière en barque, comme il m'arrive de le faire avec ma Cassandre. Était-elle avec lui le jour où, tombé à l'eau, il manqua se noyer, lui qui ne savait pas nager ? Ronsard lui fait visiter sa maison et l'entraîne dans ses bois, sa Gâtine. Elle y reviendra, ils chasseront ensemble. Tout cela est-il vrai ? Faux ? Quelle importance ? Il lui montre bien sûr les roses du jardin. Elle se pique et ses gouttes de sang tombées sur la terre font naître une rose, imagine le poète, qu'il baptise « Cassandrette ».

Comme on peut douter de l'existence réelle de la Béatrice de Dante, Cassandre n'est peut-être qu'une figure allégorique. Mais Cassandre a bien existé, on la dit fille de Bernard Salviati, banquier de François Ier, descendant d'une illustre famille florentine alliée aux Médicis. À Blois, en 1546, Pierre tombe sous le charme d'une jeune fille. Elle a une quinzaine d'années, lui, vingt et un ans. Elle joue du luth, elle chante, le poète est magnétisé par sa grâce, ses yeux bruns, ses cheveux noirs qui deviendront sous sa plume « cheveux d'or » comme chez Homère. Son nom antique achève de le séduire. Elle sera sa Laure et, comme celle de Pétrarque, elle en épousera un autre, Jean de Peigné seigneur de Pray. Au lieu d'éteindre sa passion, cette union l'enflamme ; il poursuivra son idéal en vers :

Toujours me souvenait de cette heure première
Où jeune je perdis mes yeux en ta lumière,
Et des propos qu'un soir nous eûmes, devisant.

Ronsard amoureux transi ne cessera de célébrer sa Cassandre dix ans durant sans se lasser :

Et le plaisir qui ne se peut passer
De les songer, penser, et repenser,
Songer, penser et repenser encore.

Je me permets ici de citer ces quelques vers de Pétrarque, ceux-là ou d'autres. *Canzoniere*, poésie obsessionnelle et amoureuse destinée à une seule femme, peut apparaître comme la source des *Amours* de Ronsard, leurs vers se croisent :

Comment pour parler de vos traits et mèches
Et de vos beaux yeux qui toujours m'obsèdent,
La langue et le son me font défaut,
À force de répéter votre nom.

Ni l'absence, ni l'oubli, ni le temps n'effaceront de sa mémoire, ni de la nôtre, sa *grâce enfantine*. Plus tard, il renonce : *C'est trop chanté d'Amour*, laisse-t-il comme serment d'éternité de l'amoureux. Tout de même, c'est à Cassandre qu'est destiné le fameux *Mignonne, allons voir si la rose*.

Cassandre… Où sont passées les roses ? Fleurs séchées ? Désormais devenue nom commun qui annonce une catastrophe ou une personne qui exagère. Il m'arrive encore de retourner sur ses traces à la fontaine Bellerie, perdre mes pensées dans sa longue chevelure au milieu des herbes. Et de ressusciter une fois encore la Laure de Pétrarque : *Là-bas est mon cœur et celle qui me l'a volé/Ici je n'en puis voir que mon image à moi…*

Dans ses louanges à toutes ses femmes, inaccessibles, ce sont leur beauté qu'il honore plus que leur chair parfumée, comme le fera à sa manière Baudelaire. Laissons-le rêver, à l'écoute de ses chapelets de rimes qu'à la fin de sa vie, en une poésie plus chrétienne, il simplifie. Tel dans « L'Hymne aux Astres » ce *Je vous salue, Enfants de la première nuit.*

Ronsard compose ses beautés, il les glorifie, il les unit à la nature, leur offre les astres et des crinières de comètes. Ses passions sont fantasmes. Ronsard cherche cette flamme qui le fait vibrer, il la désire, l'envisage : *Vivre sans volupté c'est vivre sous terre.* Sa vie durant, il chantera l'amour impossible. Celui de Platon, d'un Beau absolu, idéalisé.

D'autres femmes succéderont à Cassandre, Marie, Astrée, Hélène, d'autres odes, d'autres sonnets... Et toujours le poète invente, s'invente des beautés glorifiées aux longs corps, aux toisons ondoyantes, aux lèvres purpurines et toujours associées, unies à une nature magnifiée elle aussi. Il travaille en artiste, tel le peintre ou le sculpteur qui modèle à son gré son sujet. Le Pygmalion crée un éternel féminin. C'est l'aveu d'une impuissance, l'échec même de l'amour.

L'esprit ne lui suffit pas, il rêve d'avoir *mille mains, mille yeux* mais les corps lui échappent et il redoute la solitude, la vieillesse, ce *lit désert* où il se projette *fantôme sans os*. Un fantôme rare. Dans ce qu'il faut bien nommer ses obsessions, rêve et réalité se juxtaposent à l'ombre des mythes. Qui n'a pas tendu ses espoirs vers des êtres idéalisés ? Chez moi le premier, ses visions retentissent, et des visages, des silhouettes me reviennent. Autour du désir, ses vers renferment bien des secrets, des délicatesses feutrées ; comme les rêves ne nous appartiennent pas, ils se révèlent à la fois promesse et deuil. Y sommeillent des hallucinations. Ronsard a-t-il été en paix avec lui-même ? Va-t-il trouver la tranquillité ? A-t-il emporté avec lui ses roses ?

Certains jours de déluge, le ciel disparaît derrière une étoffe de blancheur. Suivant les vibrations des arbres dans le vent, je vacille. Depuis ma fenêtre, le vide des jours de pluie, j'avise la rivière, vérifie si le fantôme ne l'a pas désertée, lui aussi. Le flot continu du Loir emporte l'espoir de voir apparaître quelqu'un. Dans le fracas de ses eaux, tout n'est qu'éclats et silence. Il me faudrait apprendre à danser sous la pluie, selon le conseil d'un vieux sage romain. Et il y aura toujours ces pas dans la solitude de celui qui écrit. À certaines heures, une lumière oblique atteint l'alignement des livres, s'arrête plus longuement sur certains dos comme pour les désigner.

Je ne sais pourquoi m'apparaît une image très ancienne, enluminure médiévale sans doute, où un écrivain à l'œuvre, concentré sur son manuscrit, porte debout sur ses épaules une petite femme nue, messagère de la science du bien et du mal. Déjà, la muse veille et prévient. Ronsard les interrogeait, suivait leurs danses. Sans elles, il était sans feu. Comme tout créateur dépouillé de lui-même, le poète travaille dans les ténèbres. Il cherche son point lumineux, sensible aux impulsions. Ronsard, l'homme très ancien, m'échappe. J'essaie de le retrouver dans ses vers pour Marie, pour Hélène, pour Genèvre… Ces sonnets où coïncident rythme, harmonie, idée, concision, peinture retracent toutes les étapes depuis la première rencontre. D'autres *innamoramenti* décrivent la soudaineté, l'instant précis où surgit le sentiment amoureux :

Un soir, à mon malheur, je me baignoy dans Seine,
Où je te vy danser sur la rive prochaine,

Foulant du pied le sable et remplissant d'amour
Et de ta douce voix tous les bords alentours.

Pour Ronsard, les femmes aimées, adorées, glorifiées, toujours distantes, éveillant une ardeur amoureuse, ne sont pas que des prétextes. Un philosophe allemand dira : « Une femme a quelque chose de commun avec la vérité : toutes les deux donnent plus de bonheur lorsqu'on les désire que lorsqu'on les possède. » Elles incarnent toutes, Cassandre, Marie, Hélène, Astrée et les autres, une vie mythifiée par le poète, entre rêve et réalité, entre fantasmes et obsessions. À l'image d'un genre littéraire, au gré des années et des modes et de ses inconstances affectives.

Marie, nouvelle élue, fille d'un fermier de l'Anjou, dont il fait le tableau d'un amour ingénu, n'a que quinze ans, lui trente et déjà *le chef grison et chauve*. Rebelle, indifférente, elle est peu sensible à ses vers obscurs et se moque de lui, l'homme destiné à « être d'église ». Ronsard poursuit ses louanges, soupire ses plaintes. L'aimait-il vraiment ? Elle le repoussait, il continuait à exalter son ombre. On lui doit les pages émues « Sur la mort de Marie » qui ouvrent le second livre des *Amours*.

Ci reposent les os de la belle Marie,
Qui me fit pour Anjou quitter mon Vendômois,
Qui m'échauffa le sang au plus vert de mes mois,
Qui fut toute mon Tout, mon bien et mon envie,
En sa tombe repose honneur et courtoisie

D'après certains experts ronsardiens, Cassandre et Marie seraient une seule et même femme qu'il eût voulu célébrer morte de son vivant. Qu'importent ces allégations contredites par les vers mêmes du poète.

Suivront *Sonnets et madrigals pour Astrée* et *Sonnets pour Hélène*. Astrée : l'a-t-il aimée lui-même ou plutôt pour le compte de son ami Béranger du Guast, qui fut l'amant de madame d'Estrée ? La seconde hypothèse semble fort probable…

Les sonnets pour Hélène de Surgères, une des dames d'atours de la reine mère, sont teintés d'une tendre mélancolie, chargés d'une pensée mystérieuse. On y trouve ces vers aussi fameux que *Mignonne…*, vision cruelle et lugubre de l'amoureuse vieillie, que je ne m'autorise pas à couper :

Quand vous serez bien vieille, au soir à la chandelle,
Assisse auprès du feu, dévidant et filant,
Direz chantant mes vers, en vous émerveillant :
« Ronsard me célébrait du temps que j'étais belle. »
[...] Je serai sous terre, et fantôme sans os
Par les ombres myrteux je prendrai mon repos ;
Vous serez au foyer une vieille accroupie,
Regrettant mon amour et votre fier dédain,
Vivez, si m'en croyez, n'attendez à demain :
Cueillez dès aujourd'hui les roses de la vie.

J'insiste, il y a une musique inouïe en ces lignes. Le dernier vers, sur la thématique du *Carpe diem*, répond à d'autres *Cueillez, cueillez votre jeunesse* sur la course insaisissable du temps. Ronsard se retrouve, libéré, dans les livres (*Je veux lire en trois jours l'Iliade d'Homère*), dans ses chevauchées à travers champs, à travers bois, ses *jardins qui sentent le sauvage*, témoins muets de ses infortunes amoureuses qui l'absorbent tout entier. Il s'applique à célébrer la nature et ses bonheurs simples.

PLAISIRS ET JOURS

On peut se demander en quoi Ronsard est encore notre contemporain. Peut-être dans sa vision pessimiste des rapports humains et des illusions de la passion.

L'autre Ronsard, celui de ses dernières années, est le prieur, il est chanoine, a reçu la petite tonsure et, selon sa propre expression qui fait sourire, a rejoint le *gras troupeau de l'Église*.

Je dois avouer qu'il m'est difficile de saisir l'homme, ce Janus qui partage ses journées entre les devoirs du religieux et l'amoureux effréné, dédoublement entre le sacré et la vagabonde rêverie galante. Cette double vie, ce double regard peuvent nous sembler équivoques aujourd'hui. Une vie réinventée, qu'on le veuille ou non, ce quelque chose d'évanoui à travers l'illusion du murmure des mots. Cette porte, cette fenêtre qui s'ouvrent sur un passé proche et lointain. Qu'est-ce que cinq cents ans à l'échelle du temps ? J'ai écrit ces lignes comme on pourrait le faire à la recherche d'un ami disparu dont on n'a pas saisi tous les mystères.

Avec tous les détails d'un autre âge qui font une vie, qui était vraiment Ronsard ? Je m'y perds. J'aime à penser que l'homme était en harmonie avec ses vers, ses écrits. Avec ses poésies, on apprend à lire autrement, comme on peut le faire avec celles d'auteurs anciens, ceux de La Pléiade et ceux qui les ont inspirés.

À lire Ronsard, on découvre sa vie *en escrit* dans *Responce*, une sorte d'autofiction avec, sans doute, une part d'imaginaire, où le poète détaille librement ses gestes du matin au soir, ses occupations des plus variées, inventoriant les lieux (église, nature, salle de bal…). Journées qui, actes religieux mis à part, pourraient être semblables aux miennes.

M'esveillant au matin, davant que faire rien
J'invoque l'Eternel, le père de tout bien,
[…] Apres je sors du lict, & quand je suis vestu
Je me range à l'estude, & apprens la vertu,

Composant & lisant, suyvant ma Destinée,
Qui s'est dès mon enfance aux Muses inclinée ;
Quatre ou cinq heures je m'areste enfermé,
Puis sentant mon esprit de trop lire assommé
[...] Je m'en vais promener tantost parmy la plaine,
[...] J'aime le flot de l'eau qui gazoille au rivage.
Là devisant sur l'herbe aveq'un mien amy
Je me suis par les fleurs bien souvent endormy
A l'ombrage d'un saule, ou lisant dans un livre
J'ay cherché le moyen de me faire revivre,
[...] Je di le mot pour rire, & à la vérité
Je ne loge chés moy trop de sévérité
J'ayme à faire l'amour, j'ayme à parler aux femmes,
J'ayme le bal, la danse, & les masques aussi,
La musique et le luth, ennemis du souci.

On retrouve dans ses vers les occupations louées par Montaigne, ou celles d'un Gargantua, encadrées par les rituels ecclésiastiques (prières matin et soir). On pense aussi aux journées d'un Virgile ou d'un Pétrarque. Dans d'autres poésies, l'Église emplit sa journée. L'homme se dédouble entre instants profanes et instants religieux. Quel emploi du temps faut-il croire ? La religion est pour lui un statut qui lui permet de vivre (il touche une pension avec quelques obligations) et il n'a pas titre à dire la messe. On sent bien sa préférence pour la rêverie dans la campagne et l'écriture traversée d'une lueur étrange, entre frivolité et recueillement, lyrisme et érudition, intérieur et extérieur, sous le signe du Beau. Un modèle et un choix de vie : *La poësie est plaine de toute honneste liberté, et s'il faut dire vray un folastre mestier duquel on ne peut retirer beaucoup d'advancement, ny de profi.*

Son existence plurielle, son énergie enthousiaste furent décriées par les protestants, qui les jugeaient diaboliques, *vilaines et lascive*s pour qui l'individu devait n'être qu'un devant Dieu. Certains, comme Jean de La Gessée, lui intiment de choisir. D'où *Responce*.

NUIT

Le poète trouve le repos dans la lumière. Il y a chez Ronsard un mélange surprenant, ce puissant accord entre la richesse terrestre et la bénédiction céleste. La poésie, ce pur espace où le sol même est lumière.

Vers les années 1569-1570, déjà incendié par la fièvre, il se lance dans l'écriture d'un long poème national, épopée dans la tradition de l'*Iliade*, commande de Charles IX, qui exigea des vers de dix pieds, *La Franciade*, entreprise littéraire qui demeure inachevée. J'avoue que ce n'est pas le meilleur du poète, plus à son aise avec la nature ou l'amour des femmes. Il écrit au prieuré Saint-Cosme, situé sur un îlot de la Loire aux portes de Tours. Et à celui de Croixval, dont il a la charge. Les dernières années, solitaire et de faible santé, il partage son temps entre les deux.

Saint-Cosme, aujourd'hui préservé, restauré, avec ses jardins soignés, est une oasis coincée entre réseaux routier et ferré et lotissements. J'étais curieux de savoir ce qu'était devenu le petit prieuré de Croixval, situé précisément à sept kilomètres de chez moi et de La Possonnière, la propriété familiale étant revenue en héritage à son frère aîné Claude.

Ce petit coin de terre me rira sus tous
Car les champs et les bois et les lieux solitaires,
Et les prés, où le Loir parmi les herbes court
Me plaisent beaucoup plus que les bruits de la Court.

Il se réfugie, entre 1578 à 1585, dans ce prieuré mis à sa disposition par Charles IX, puis le roi Henri III, à qui il offre les melons blancs de son potager en remerciement. C'est une demeure en L, de noblesse simple, construite au XIIe siècle pour accueillir des moines. Une maison au toit pointu, des colombages sur une façade perdue au milieu des champs. Quelques bêtes autour, un vieux tracteur sous un hangar, la boue des mauvais jours. Je cherche en vain, foulant les envahissantes orties, le pin planté en l'honneur d'Hélène. Les arbres ont disparu. Rescapés, un cerisier au point de greffe noueux et un marronnier à bout de souffle. Lézardes et crevasses des murs rongés par le lierre, carreaux cassés, volets battant au vent, le prieuré fait grise mine sous la pluie fine et réfrigérante d'hiver. Ici, son agonie dura six mois. Alité dans le froid de décembre, Ronsard à l'ombre glaçante de la mort, peut-être un jour comme celui d'aujourd'hui, grelotte, claque des dents, souffre de rhumatismes, de crises de goutte, passe de méchantes nuits d'insomnies. L'ombre s'épaissit sous ses paupières. Le poète invoque le soleil : *Leve-toy*. Il essaie d'atténuer ses douleurs à l'aide du pavot salvateur. Il n'en peut plus de mâcher ses feuilles, de ce jus oublieux qui tous les jours l'assomme. Il s'accroche sous les tortures de l'opium mais appelle en vain la grande nuit, supplie la mort. Elle fait la sourde, elle ne veut pas venir.

Quelques jours avant Noël, une carriole tirée par deux chevaux le transporte dans la tempête jusqu'au prieuré Saint-Cosme, où il s'éteint le 27 décembre 1585 dans un rêve infini.

La mort n'est qu'un nom au fond des solitudes, ne pas la craindre.

On ne meurt point, on change seulement
De forme en autre, et ce changement s'appelle
Mort, quand on prend une forme nouvelle,
Et quand on cesse à n'estre plus ici,
Des cœurs humains le plus fascheux souci.

Ronsard prend en exemple le ver à soie dont le soyeux tire les fils les plus fins pour tisser l'habit des rois et des princes, qui devient papillon aux ailes diaprées, après avoir été chenille.

La nuit froide de sa mort annonce la faille d'oubli dans laquelle il tombera pour deux siècles. Lui savait déjà : *Rien ne naît que pour mourir.*

L'oubli, un purgatoire où le pousseront Malherbe, Boileau qui lui reprochait d'abuser d'un jargon gréco-latin, et d'autres. Il faut attendre les romantiques pour le tirer de là et surtout Sainte-Beuve. Cinq siècles ont passé et aventurons-nous dans la puissante forêt de ses vers dont la nuit a givré les branches, même si un jour André Breton a écrit : *J'ai quitté mes beaux effets de neige*, un adieu aux alexandrins, à la poésie.

Et je ne cesserai de cheminer sur ses sentiers à guetter un oiseau chanteur au plumage bleu et jaune et au casque rouge, à regarder glisser l'eau, son immobilité limpide et toutes ces choses qui s'enfuient.

Paysage	11
Loys et Jeanne	35
Un livre à ciel ouvert	45
Petit Pierre	51
Les cieux de la Pléiade	59
L'éclat des caves	65
Fait divers	71
Muses des forêts, des vallons et des fontaines	77
Surgira Cassandre	95
Plaisirs et jours	111
Nuit	117

Œuvres de Franck Maubert (suite)

GAINSBOURG FOR EVER, Scali, 2005.

MAEGHT, UNE AVENTURE DE L'ART VIVANT (avec I. et Y. Maeght), La Martinière, 2006.

L'ODEUR DU SANG HUMAIN NE ME QUITTE PAS DES YEUX. CONVERSATIONS AVEC FRANCIS BACON, Mille et Une Nuits/Fayard, 2009.

LE DERNIER MODÈLE, Mille et Une Nuits/Fayard/Pluriel 2012. Prix Renaudot essai.

GAINSBOURG À REBOURS, Fayard, 2013.

L'HOMME QUI MARCHE, Fayard, 2016.

BACON, ÉCLATS D'UNE VIE, dessins de Stéphane Manel, Seghers, 2023.

Composition : Entrelignes (64)
Achevé d'imprimer
par CPI Firmin-Didot
à Mesnil-sur-l'Estrée, en mai 2024
Dépôt légal : mai 2024
Numéro d'imprimeur : 180129

ISBN : 978-2-7152-6418-2/Imprimé en France

636124